APERÇU ÉCONOMIQUE

ET STATISTIQUE

SUR LA

PRINCIPAUTÉ DE SERBIE

PAR

M. A. UBICINI

Extrait du Journal des Économistes
(numéro du 15 décembre 1866.)

PARIS
LIBRAIRIE DE GUILLAUMIN ET Cⁱᵉ
14, RUE RICHELIEU, 14
—
1867

APERÇU ÉCONOMIQUE

ET STATISTIQUE

SUR LA

PRINCIPAUTÉ DE SERBIE [1]

Extrait du Journal des Économistes

(numéro du 15 décembre 1866)

Nous avons sous les yeux les comptes-rendus présentés par les chefs des divers départements ministériels de la principauté de Serbie à la dernière *skoupchtina* (août 1864). Les skoupchtinas sont, comme l'on sait, les assemblées nationales serbes [2]. Elles représentent le pouvoir constituant et l'autorité législative par excellence. Composées des députés de la capitale et des départements élus par le suffrage universel, elles se rassemblent réglementairement tous les trois ans, soit à Belgrade, soit, le plus souvent, à Kragouïevatz, ancienne capitale de la Principauté sous Miloch, et dont la position est beaucoup plus centrale. Ces assemblées, dont l'aspect, il y a environ un quart de siècle, rappelait exactement, à la différence près du costume et du langage, nos anciens *champs de mai* ou les *parliamenti* des villes italiennes au moyen âge, se rapprochent beaucoup plus, par leur forme actuelle, des chambres électives dans les États constitutionnels. Au jour fixé, le prince en personne ouvre la session par un discours qui renferme l'exposé de la situation intérieure et extérieure de la Principauté. L'assemblée, après

---

(1) Cet article, qui résume l'ouvrage du même auteur, *Les Serbes de Turquie* (in-18, chez Dentu), contient de nouvelles données empruntées à un rapport de M. Longworth, consul général de S. M. B. à Belgrade, inséré dans le Recueil consulaire anglais.

(2) Du verbe *skoupiti*, rassembler.

Parmi les indigènes figure un nombre assez considérable de Valaques (122,857) émigrés à différentes époques dans la Principauté, et mêlés, dans des proportions fort diverses, aux Serbes avec lesquels ils ont fini par se confondre. Ils habitent les quatre départements de Tcherna-Reka, Kraïna, Pojarevatz et Tchoupria, dans la partie nord-est de la Serbie.

Les Israélites habitent exclusivement la ville de Belgrade. Ils formaient en 1859 un groupe de 338 familles.

Les Bohémiens (16,940) se distinguent en Bohémiens *domiciliés*, que la loi assimile aux indigènes, et en Bohémiens *nomades*, qui, sans résidence fixe dans le pays, y sont considérés comme étrangers. Deux tiers environ se disent orthodoxes; le reste musulmans. En réalité, ils sont tous païens.

La population étrangère comprend, outre les Bohémiens nomades, environ 5,000 Musulmans domiciliés dans le rayon des forteresses où la Porte a conservé le droit de garnison, et 4,000 (1) *Européens*, nom sous lequel on désigne dans le Levant les sujets des puissances chrétiennes résidant dans les *Échelles* et régis par les *capitulations*.

II

ÉTAT POLITIQUE. — ANALYSE DE LA CONSTITUTION SERBE. — LE PRINCE. — LE SÉNAT. — LA SKOUPCHTINA. — LES MINISTRES.

Politiquement, la Serbie est un État autonome tributaire de la Porte-Ottomane, à l'égard de laquelle elle se trouve placée dans des conditions analogues à celles des Principautés-Unies. Elle se gouverne et s'administre comme elles dans une complète indépendance de la cour suzeraine, en vertu de priviléges placés sous la garantie collective des puissances signataires du traité de Paris (1856). Les forteresses mêmes de Belgrade, Semendria, Chabatz, Feth-Islam, occupées par les Turcs, aux termes du dernier protocole (Constantinople, 8 septembre 1862), font partie du *territoire serbe*.

Le gouvernement est une monarchie tempérée, héréditaire dans la famille d'Obrénovitch, et transmissible de mâle en mâle. A défaut de descendance masculine, le prince désigne lui-même son successeur, avec l'assentiment de la grande skoupchtina (2).

---

(1) Ce chiffre n'est qu'approximatif, et plutôt au-dessous qu'au-dessus du chiffre réel, s'il est vrai, comme le prétend M. Longworth, que l'Autriche seule compte à Belgrade 4,000 sujets ou protégés.

(2) Outre la skoupchtina ordinaire, il y a une autre skoupchtina, dite extraordinaire, convoquée seulement dans des circonstances graves, telles, par exemple, que la vacance du trône. Le nombre des membres

Le prince porte le titre de *kniaze* et est qualifié d'*Altesse sérénissime*, de même que le *domnitoru* de Roumanie.

Il exerce les attributions et jouit des prérogatives dévolues au souverain dans les États constitutionnels. Il gouverne avec le concours de ministres responsables, promulgue les lois, nomme aux emplois publics, commande l'armée, signe les traités, etc. Les agents et consuls généraux des puissances étrangères résidant à Belgrade (France, Autriche, Grande-Bretagne, Italie, Prusse, Russie) sont accrédités auprès de sa personne. Il jouit d'une liste civile de 1,200,000 piastres turques (504,000 fr.).

L'autorité du prince est limitée par celle de la skoupchtina, dont nous avons parlé, et par celle du sénat (*soviet*).

Le sénat, entièrement réorganisé par la loi du 17-29 août 1861, fonctionne à la fois comme conseil d'État et comme corps législatif. Il est composé de dix-sept membres nommés à vie par le prince. L'héritier présomptif du trône en fait partie de droit à l'âge de 18 ans; il a voix délibérative à 21 ans.

L'administration centrale siège à Belgrade. Elle comprend sept ministères : justice, instruction publique et cultes, relations extérieures, intérieur, finances, guerre, travaux publics. Les ministres sont nommés par le prince. L'un d'eux a le titre de premier ministre et préside le cabinet dont il est réputé le chef (1). Il remplace l'ancien *predslavnik* qui réunissait les attributions de secrétaire des affaires étrangères et de ministre d'État. Les ministres élaborent, chacun en ce qui le concerne, les projets de lois et de règlements qui sont ensuite portés et soutenus par eux devant le sénat. Ils proposent de même et soumettent au sénat qui les approuve ou les modifie, les projets de budgets de leurs départements respectifs.

III

INTÉRIEUR. — ADMINISTRATION. — POLICE. — SERVICE SANITAIRE. —
QUARANTAINES. — POSTES ET TÉLÉGRAPHES.

La Serbie est divisée sous le rapport administratif en départements (*okroujiè*). Les départements sont subdivisés en arrondissements, les arrondissements en communes. La ville de Belgrade formant à elle seule une préfecture séparée, distincte de la préfecture du département, on compte en tout 18 préfectures, 60 sous-préfectures et 1,088 communes. Les départements portent tous le nom de leurs chefs-lieux, à l'exception de quatre : *Kraïna* (chef-lieu, Négotine); *Podrigné* (chef-lieu,

---

de cette assemblée est quadruple de celui des membres de l'assemblée ordinaire.

(1) Actuellement M. Ilia Garachanine (décembre 1861).

sur un point désigné du territoire est limitée à deux années au plus. Les étrangers seuls peuvent être expulsés du pays (1).

Il n'existait jusqu'ici dans toute la Principauté que deux établissements pénitentiaires, l'un à Topchidéré, près de Belgrade, pour les condamnés aux travaux forcés, l'autre à Tchoupria, pour les détenus ordinaires. Une troisième prison a été établie cette année à Kragouievatz. L'établissement de Tchoupria renfermait, à la fin de 1863, 140 détenus, hommes et femmes ; 832 condamnés subissaient à la même époque leur peine à Topchidéré. Le régime intérieur n'a d'ailleurs rien d'excessif. Les prisonniers sont traités avec beaucoup d'humanité (2).

En vertu d'un décret du 1er avril 1864, motivé par la recrudescence des vols et des attaques à main armée, les condamnés pour vol qualifié et brigandage doivent être placés à l'expiration de leur peine sous la surveillance de l'autorité administrative.

Le nombre des procès criminels portés devant les tribunaux pendant la période triennale 1861-64 a été de 5,834, savoir: meurtres, coups et blessures, 479 ; incendies ayant occasionné un dommage évalué à 437,640 fr., 1,752 ; vols qualifiés et autres, représentant une valeur de 1,271,970 fr., 3,603. Ces poursuites ont donné lieu à 5,135 condamnations.

Le nombre des procès jugés par les tribunaux civils s'est élevé, en 1861-64, à 68,917, ce qui donne une moyenne de 22,972 par année.

On a compté pour la même période 204 suicides. Il n'y a pas eu un seul cas d'infanticide, ce qui s'explique par le nombre infiniment restreint des naissances illégitimes. En 1862, à Belgrade, sur 487 naissances, il y a eu 16 enfants naturels, soit environ 1 sur 30; dans le reste du pays, le rapport n'est que de 1 sur 500.

Le personnel judiciaire (cour d'appel et tribunaux de première instance) comprenait, en 1863, 107 juges, dont 46 seulement avaient fait des études de droit régulières, circonstance qui paraît singulière de prime abord, mais qui surprendra moins, si l'on songe qu'il s'agit d'un pays sortant à peine de la barbarie, où il n'était pas rare de rencontrer, il y a quelque dix ans, des juges, des prêtres, des fonctionnaires du plus haut rang, à commencer par le chef même de l'État, ne sachant ni lire ni écrire (3).

(1) *Moniteur* du 4 janvier 1864.

(2) *Ibid.*

(3) Le dernier de ces juges a été mis à la retraite en 1862. Le prince Miloch, le « fondateur de la nationalité serbe, » comme l'appelle justement A. Blanqui, ne savait pas signer son nom.

V

Les Serbes professent la religion grecque, dite orthodoxe. Comme tels, ils admettent la suprématie du patriarche de Constantinople, mais comme un simple titre d'honneur qui ne saurait porter atteinte à l'indépendance de leur Église nationale, telle qu'elle a été reconnue par le siège œcuménique au xive siècle, et confirmée en dernier lieu par les deux concordats de 1832 et de 1836.

Aux termes de ces concordats, l'Église serbe est gouvernée par un *synode*, composé de l'archevêque de Belgrade, *métropolitain de Serbie*, et des trois évêques d'Oujitza, de Négotine et de Chabatz. Le synode pourvoit aux sièges vacants sous la réserve de la sanction du prince. Le métropolitain est nommé directement par le prince, qui le choisit parmi les évêques, et il reçoit l'investiture canonique du patriarche de Constantinople. Il y a dans chaque diocèse un consistoire, formant comme le conseil ou le tribunal de l'évêque. Ce tribunal, composé d'un président, de trois ou de deux conseillers, d'un secrétaire et d'un greffier, est chargé de maintenir la discipline ecclésiastique, il connaît des contestations matrimoniales et juge les cas de divorce. Il est appelé de ses sentences devant le consistoire central de Belgrade, composé d'un président (évêque), d'un vice-président et de quatre archiprêtres.

Chaque diocèse forme 3 ou 4 circonscriptions ecclésiastiques correspondant à un nombre égal de départements et administrées par un archiprêtre (protopope). Certaines protopopies renferme un ou plusieurs vicariats. On compte dans toute la Principauté :

1 archevêque, 3 évêques, 20 archiprêtres, 15 vicaires, 583 prêtres ordinaires, 17 diacres , 118 religieux.

Il y a 404 édifices consacrés au culte, savoir :

319 églises, 28 chapelles, 44 monastères.

L'entretien et la réparation des églises sont à la charge des paroisses. Mais le clergé, à l'exception toutefois du métropolitain, des évêques, des archiprêtres et de leurs vicaires, ne reçoit aucun traitement ni de la commune, ni de l'État. Les moines vivent des revenus et des produits de leurs terres; les prêtres du casuel. Le casuel a été fixé par une ordonnance datant du premier règne de Miloch; ce qui supprime ces trafics qui déshonorent l'Église grecque de Turquie. Quelques dons en nature entièrement gratuits, les fruits de leur jardin, parfois le produit d'un petit champ qu'ils cultivent eux-mêmes, leur procurent le surplus nécessaire à leur subsistance. Un membre du clergé anglican, à qui

VII

FORCES MILITAIRES. — L'ARMÉE. — LA MILICE.

Les forces militaires de la Serbie se composent de deux éléments distincts, bien qu'appelés à se compléter l'un par l'autre : 1° l'armée permanente, 2° la milice nationale.

L'armée permanente n'est, à proprement parler, qu'un ensemble de cadres disposés à l'avance pour recevoir et coordonner, en cas de besoin, les contingents dans les diverses armes que le pays peut être appelé à fournir ; aussi l'effectif est-il peu nombreux et limité actuellement à 2 bataillons d'infanterie de 8 compagnies, dont une de chasseurs : 2 escadrons de cavalerie ; 8 batteries d'artillerie, dont 4 batteries de montagne ; une compagnie de pontonniers ; une compagnie d'ouvriers, le tout formant un effectif d'environ 4,000 hommes (1). Dans ce chiffre ne sont compris ni le corps de gendarmerie de Belgrade, ni une compagnie de train des équipages actuellement en voie d'organisation.

La milice est une sorte de landwher qui a été instituée par la loi du 29 août 1861 « en vue de la défense du territoire et du maintien des droits de la Principauté. » Tous les Serbes, indistinctement, âgés de 20 à 50 ans, en font partie. Les ecclésiastiques et les individus reconnus impropres au service militaire sont seuls exemptés. Elle est divisée en deux classes ou bans : la première, immédiatement mobilisable ; la seconde, organisée de façon à pouvoir entrer en campagne au bout de quelques semaines.

Le premier ban, formé du quart des citoyens inscrits, présente un effectif de 50,496 hommes (infanterie, cavalerie, artillerie, pionniers), organisés sur le modèle de l'armée active et répartis en six commandements (voïvodies) qui ont leurs chefs-lieux à Chabatz, Karanovotz, Zaïtchar, Pojarévatz, Kragouiévatz et Belgrade. Ajouté à celui de la troupe permanente, cet effectif donne une armée de 54 à 55,000 soldats, parfaitement organisés et disciplinés, pourvus de tout le matériel nécessaire, et servant d'avant-garde à une seconde armée de 100 à 150,000 combattants, moins instruite, mais tout aussi brave.

VIII

TRAVAUX PUBLICS. — ROUTES ET VOIES DE COMMUNICATION. — PONTS. — TRAVAUX PROJETÉS.

Les travaux publics forment, depuis 1862, un ministère distinct, dirigé jusqu'à l'année dernière, de même que le ministère de la guerre,

---

(1) Le rapport de M. Longworth classe ainsi cet effectif.

Infanterie.............. 3,000 hommes.
Cavalerie.............. 350 —
Artillerie.............. 650 —

par un officier supérieur français, qui a été longtemps attaché au service serbe, M. Mondain.

Les ponts et chaussées, la construction et la réparation des édifices publics, des monastères, des églises, des écoles, l'exécution des divers travaux à la charge soit de l'État, soit des communes, ressortissent à ce département. Plus avancée à cet égard que la Moldo-Valachie, la Serbie possède actuellement 1,854 kilomètres de routes carrossables, reliant la capitale aux districts. Les six routes principales, de Belgrade à Nich par Smederevo, Iagodina et Alexinatz; à Ratcha et au nord de la Bosnie, par Chabatz et la vallée de la Save; à Bosna-Seraï, par Valievo et Lioubovitch; à Novibazar, par Kragouiévatz et Karanovatz; à Vidine, par Smederevo, Tchoupria et Zaïtchar; à Riza-Palanka et au bas Danube, par Smederevo, Pojarevatz et Milanovatz, peuvent être considérés comme les grandes artères de la Serbie qu'elles traversent dans toutes les directions, et la voie ordinaire des marchandises expédiées de Belgrade à la frontière turque et moldo-valaque, ou *vice-versa* de cette frontière à Belgrade (1). A l'intérieur, les principaux centres de population sont reliés entre eux par des embranchements secondaires, dont, en général, le système est assez bien entendu. L'entretien seul laisse à désirer. Un grand nombre de ces chemins ne sont pas encore empierrés, ce qui les rend impraticables pendant la mauvaise saison. Un autre obstacle à la circulation est le manque de ponts. Le rapport du ministre à la skoupchtina mentionne, pendant la période 1861-64, la construction de 124 ponts, 422 canaux, 6 bacs et 3 barques. Mais ces ponts n'existent que sur les petits cours d'eau. Les grands affluents du Danube et de la Save n'en possèdent pas encore, à cause des frais considérables qu'entraînerait leur construction et qui dépassent les ressources actuelles du budget. Il importerait également de régulariser le cours de quelques-unes de ces rivières, la Morava, par exemple, sujettes à des crues fréquentes qui causent de grands ravages et interrompent parfois les communications durant des semaines entières. Un état de choses si fâcheux ne pouvait manquer d'attirer l'attention d'un gouvernement éclairé comme celui du prince actuel. Mais le pays manque en même temps d'hommes et d'argent; et tant de choses sont à faire à la fois! Il a fallu créer d'abord un corps d'ingénieurs, ensuite une section de pontonniers qui a construit, en 1865, deux ponts de bateaux et un certain nombre de ponts volants sur les principales rivières et exécuté des travaux sur divers points pour endiguer la Morava. Le gouvernement a fait élaborer le projet d'un nouveau système de routes destiné à compléter et à améliorer le réseau existant. Divers projets concernant l'établissement de chemins de fer, la construction de plusieurs aqueducs, le

(1) *Annales du commerce intérieur*, avril 1866.

drainage des marais, le pavage des villes, etc., sont à l'étude, mais pour tout cela il faudrait des millions, et le budget des travaux publics dépasse à peine 550,000 fr.

C'est ici le lieu d'aborder un chapitre intéressant, celui des finances.

IX

FINANCES. — BUDGET DE L'EXERCICE 1866. — CARACTÈRE ET SOURCES DE L'IMPÔT. — DOUANES. — COMMERCE EXTÉRIEUR. — ÉTAT DE L'AGRICULTURE ET DE L'INDUSTRIE. — LES FORÊTS ET LES MINES. — SYMPTÔMES DE PROGRÈS MATÉRIEL. — AVENIR DE LA SERBIE.

Le budget publié le 11 novembre 1865 évalue ainsi les recettes et les dépenses de la Principauté pour l'exercice 1865-66 (1).

	En piastres (2).	En francs.
Recettes............	27,820,000	11,684,400
Dépenses..........	27,687,619	11,628,800
Excédant.......	132,381	55,600

(1) L'année budgétaire commence le 1er novembre (v. s.) et finit le 31 octobre de l'année suivante.

(2) Les comptes des finances sont établis en piastres (monnaie de convention), dites pour cette raison piastres *de contribution* ou *de l'État*, par opposition à la piastre ordinaire, dite piastre *de la ville* ou *piastre turque*, usitée dans le commerce, et dont la valeur est moindre de moitié. La piastre se subdivise en 40 paras.

La Serbie n'ayant point de monnaie propre, la plupart des monnaies étrangères ont cours dans la Principauté. Les plus répandues sont le ducat et le florin d'Autriche, le carbovantz (rouble-argent) russe et leurs subdivisions, le medjidié ou livre turque de 100 piastres, en or. Le cours de ces monnaies et des principales monnaies étrangères a été réglé ainsi par une ordonnance du 1er (13 avril) 1866 :

MONNAIES D'OR.	Piastres.	MONNAIES D'ARGENT.	Piastres.
Ducat d'Autriche........	28	Talari, de 2 florins......	12
Medjidié turc...........	54	Florin.................	6
Napoléon...............	47 20	Zwangiger.............	2
Impérial russe de 5 roubl.	46 20	Pièce de 5 francs........	11 35
Livre sterling..........	59	Franc.................	2 15
		Rouble-argent.........	9 12

Par conséquent l'on aura pour la valeur de la piastre en francs :

Piastre de contribution.......... 0,42 2/19
— ordinaire................. 0,21 1/19

Le budget des recettes se compose de cinq chapitres :

	Piastres.	Franc.
I. *Économie* do l'État (on comprend sous ce titre les revenus du domaine et les produits des divers services régis directement par l'État, comme les postes, les télégraphes..........................	1,465,000	615,300
II. Impôt direct (*porèsa*)...................	16,190,000	6,799,800
III. Impôts indirects.......................	1,000,000	420,000
IV. Douanes............................	4,000,000	1,680,000
V. Taxes judiciaires et administratives.....	1,810,000	760,200
VI. Produits divers. Recettes extraordinaires.	3,355,000	1,409.100
Total........	27,820,000	11,684,400

Le revenu public s'alimente, comme l'on voit, à deux sources principales : l'impôt direct et les douanes.

L'impôt direct (*porèsa*) fut établi en 1835 par Miloch,. à raison de 5 talaris (60 piastres) par chaque tête d'homme marié ou père de famille (1). Une loi promulguée à l'issue de la skoupchtina de 1861 abolit la porèsa et la remplaça par une sorte d'*income tax* qui, atteignant tous les citoyens sans distinction de rang ou de position, devait fournir à l'impôt une base plus équitable et le rendre en même temps plus productif. D'après cette loi, tous les habitants de la Serbie, propriétaires, rentiers, commerçants, industriels, artisans, serviteurs à gages, fonctionnaires, prêtres, hommes ou femmes mariés ou célibataires, quiconque possède un revenu de quelque nature que ce soit, ou reçoit un salaire de l'État, ou exerce une profession de laquelle il tire sa subsistance (2), était rangé d'après le chiffre présumé de son revenu dans l'une des six catégories définies par la loi et qui étaient imposées suivant la progression de 2, 4, 6, 9, 14, 20, c'est-à-dire que, là où les contribuables de la première catégorie payaient, par exemple, 2 0/0 de leur revenu, ceux de la deuxième devaient payer 4, ceux de la troi-

---

(1) Le montant de l'impôt était acquitté en bloc par la commune, d'une part, et réparti ensuite par les soins des kmètes entre tous les contribuables proportionnellement à leur fortune. Soit une commune comptant 100 hommes mariés et taxée, par conséquent, à 500 talaris, cette somme était répartie entre les 100 contribuables au prorata de leur avoir, de sorte que les uns se trouvaient payer plus, les autres moins de 5 talaris.

(2) Cependant quelques exceptions étaient faites en faveur des tsiganes nomades, des soldats et sous-officiers de l'armée permanente présents sous les drapeaux, des mineurs, des veuves de fonctionnaires ne possédant aucun revenu propre, ou jouissant d'une pension inférieure à 300 fr.

sième 6, ceux de la quatrième 9, etc. Le nouveau système devait être mis en vigueur à partir du 1ᵉʳ janvier 1862; mais il rencontra de telles difficultés dans l'exécution, que le gouvernement a dû le remplacer provisoirement par une loi qui a été promulguée le 22 octobre 1864, et basée en grande partie sur les principes de la loi de 1861. L'article premier porte que la porèsa sera élevée de 60 à 72 piastres. Mais cette somme se dédouble, une moitié est formée de la capitation; l'autre moitié, de la contribution foncière. La capitation est la même pour tous les contribuables; la taxe foncière varie pour chacun proportionnellement à sa fortune. Néanmoins elle ne peut dépasser le maximum de 180 piastres dans les villages, 360 dans les villes et 720 à Belgrade. La répartition est faite par l'*odbor*, au prorata de la fortune des habitants de chaque commune, de sorte que ce que l'un paye en plus, l'autre le paye en moins, l'État ne pouvant rien percevoir au delà de la quotité représentée par le nombre des contribuables de la commune.

Le nombre des contribuables acquittant la porèsa était en 1865 de 220,000, savoir : 21,566 dans les villes, et 198,434 dans les villages.

Le produit des douanes, bien inférieur à ce qu'il deviendra le jour où les citadelles serbes ne seront plus aux mains des Turcs, est formé du payement d'un droit fixé de 3 pour 0/0 *ad valorem* perçu sur les denrées et marchandises tant à l'entrée qu'à la sortie. Cette valeur est déterminée par des tarifs que l'on révise tous les dix ou douze ans. La dernière révision date de 1864.

Observons en passant que, dans la situation toute nouvelle qui a été faite aux principautés du Danube par le traité de Paris et les conventions postérieures, cette assimilation des territoires serbe et moldo-valaque aux provinces turques proprement dites, constitue, politiquement et commercialement, une véritable anomalie en même temps qu'elle apporte de sérieux obstacles à leur développement.

Il existe 27 postes ou bureaux de douanes, savoir : 13 du côté de l'Autriche, 13 du côté de la Turquie, et 1 (Kladovo) du côté de la Valachie. La douane la plus importante est celle de Belgrade, qui fournit à elle seule un tiers des échanges.

La valeur des marchandises importées et exportées pendant les années 1862 (1ᵉʳ nov. 1861; 31 oct. 1862) et 1863 (1ᵉʳ nov. 1862; 31 oct. 1863) a été comme suit :

	Importations.	Exportations.	Totaux.
1862.	13,331,198 fr.	17,686,304 fr.	31,017,502 fr.
1863.	16,566,457	24,240,872	37,807,329

Si l'on joint à ces totaux la valeur du transit (1) (3,829,537 fr. en

(1) Une ordonnance de 1863 affranchit de tout droit les marchandises expédiées en transit à travers la Serbie.

1862, et 2,839,289 en 1863), l'on a pour l'ensemble du commerce extérieur :

En 1862. . . . . , 34,847,039 fr.
En 1863. 40,646,618

ce qui donne, en faveur de l'année 1863, un excédant de 5,799,579 fr.

Sur cet ensemble de 40 millions, la part afférente à chacun des trois États limithrophes peut être évaluée ainsi :

Autriche. . . . . 28 millions.
Turquie. . . . . 8 —
Valachie. . . . . 4 —

Au premier rang de l'exportation, figure la vente du bétail, et notamment des porcs, dont le commerce fournit au pays sa principale richesse. Vendus la plupart en Hongrie et en Autriche, les porcs de Serbie se répandent de là sur tous les marchés de l'Allemagne et jusqu'en Alsace. De 1844 à 1857 il a été exporté, suivant les statistiques officielles, 3,643,291 têtes de ces animaux, représentant, à raison d'un ducat (12 fr.) par tête, une valeur de 43,719,492 fr., soit 260,235 têtes et 3,122,820 fr. par année. En 1863, l'exportation a fourni 366,909 têtes et 12,301,974 fr. : ce qui accuse une augmentation considérable dans le prix du bétail.

Les principaux articles de l'importation sont les objets manufacturés de toute espèce, draps, tissus, quincaillerie, etc., pour lesquels la Serbie, qui ne possède aucune fabrique, est forcément tributaire de l'industrie étrangère, les denrées coloniales, le sel tiré des mines de la Valachie et dont il entre dans le pays environ 25 millions de kilogrammes par année.

C'est principalement aux marchés de Pest, de Vienne, de Trieste, voire de Leipsig, que s'approvisionnent les négociants serbes. De ces villes les marchandises sont acheminées par les voies de fer jusqu'à Basiach ou à Sissek où elles sont embarquées sur le Danube et la Save.

Les dépenses se classent en trois chapitres :

	Piastres.	Francs.
1° Dépenses constitutionnelles.	2,894,263	1,215,591
2° — administratives générales.	2,350,010	987,004
3° — — spéciales.	22,443,346	9,426,205
	27,687,619	11,628,800

Le premier chapitre comprend les dépenses fixées ou prévues par la constitution :

Liste civile du prince. . . . . 504,000 fr.
Tribut à la Porte-Ottomane. 494,027
Subside au patriarche de Constantinople. . 2,117
Dotation de la skoupchtina. 12,600
— du sénat. 202,847

Les dépenses administratives générales comprennent :

Les pensions..	392,076 fr.
Le contrôle de l'État (chambre des comptes).	116,128
Les dépenses imprévues,	100,800
— extraordinaires.	378,000

Les dépenses administratives générales se composent des services des sept ministères :

Ministère de la justice.	1,232,434
— de l'instruction publique.	1,064,632
— des affaires étrangères.	395,111
— de l'intérieur.	2,332,474
— des finances.	711,134
— de la guerre.	3,138,095
— des travaux publics..	552,325

Il résulte de l'examen comparatif des deux budgets : 1° que les recettes balancent les dépenses ; 2° que la Serbie n'a ni dette intérieure, ni dette extérieure. Une seule fois, durant la crise politique de 1862, le gouvernement dut contracter un emprunt de 300,000 ducats. Encore n'eut-il besoin de réaliser qu'une portion de cet emprunt, qui fut remboursée très-peu de temps après.

Malgré cela, l'État est pauvre et ses ressources actuelles sont insuffisantes, eu égard à la tâche qui lui incombe. En effet, bien que tout soit en progrès, tout est à créer, en quelque sorte, en Serbie. L'agriculture, l'industrie sont dans l'enfance. Un tiers à peine du sol arable est livré à l'exploitation. Les instruments, les procédés de culture sont ceux des âges primitifs. L'usage des engrais est inconnu. Quand la terre est fatiguée, on la met en jachère. Il en résulte une déperdition de forces et une diminution dans la production considérables. Le pays fournit le blé et le vin nécessaires à sa consommation ; mais il doit s'approvisionner au dehors d'une multitude de denrées servant à l'alimentation usuelle. Le bilan industriel est encore plus pauvre : quelques briqueteries, des tanneries à l'état rudimentaire, une fabrique de couvertures pour la troupe à Topchidéré, deux moulins à vapeur près de Belgrade, quelques scieries mécaniques, plusieurs magnaneries dans les districts de Iagodina et de Pojarevatz. Cette dernière industrie, récemment importée dans le pays, à la suite des résultats considérables qu'elle avait donnés en Valachie, tend à s'y acclimater tout à fait. Comme la maladie des vers à soie n'a jamais atteint la Principauté, les éleveurs de France et d'Italie viennent s'y approvisionner régulièrement de graines et de cocons. Néanmoins, l'espèce cultivée jusqu'ici en Serbie est inférieure à celle de Turquie, elle produit moins et consomme davantage ; ce qui a déterminé le gouvernement à faire venir de la graine de Roumélie, qu'il a fait distribuer gratuitement aux éleveurs.

Les forêts ne sont guère utilisées que pour le chauffage des habitants. On en tire, il est vrai, une certaine quantité de douvelles, dont une faible partie est livrée à l'exportation; mais presque tous les bois de construction, les poutres, les lattes, viennent du dehors. Encore ces magnifiques forêts, *le boulevard de la Serbie*, paraissent-elles menacées d'une prochaine destruction, par suite de l'incurie des habitants qui, en usant avec elles comme le sauvage avec l'arbre dont il convoite les fruits, y portent sans merci le feu et la cognée. Favorisées par le laisser-aller ou l'impuissance des administrations précédentes, ces dévastations ont pris, dans ces derniers temps, des proportions telles que l'on a dû opérer le reboisement de certaines parties du territoire. D'autre part, des mesures ont été prises pour protéger ce qui reste des anciennes forêts contre les déprédations des riverains. Ces mesures auront pour conséquence prochaine et nécessaire la création d'agents et de gardes-forestiers, préposés à la surveillance et à la police des bois domaniaux.

L'exploitation des mines, comme celle des forêts, pourrait devenir pour la Serbie une source abondante de richesses. La région du nord-est, depuis Milanovatz jusqu'à Pojarévatz, celle du sud-est formée des deux districts de Podrigné et de Valievo, les monts Chtouratz et tout le massif du Roudnik, au centre, abondent en produits minéraux de toute espèce, fer, cuivre, plomb, galène argentifère, zinc, gypse, salpêtre, charbon de terre, etc. En 1860, le prince Miloch concéda à une compagnie de capitalistes français, sous le nom de *Société franco-serbe*, un privilége pour l'exploitation des mines de fer et de cuivre de Maïdanpek et des houillères de Dobra. L'abondance et l'heureuse situation des gisements, la durée de la concession fixée à trente ans, les contrats avantageux passés avec le gouvernement pour la fonte et la vente des projectiles de guerre, semblaient présager l'avenir le plus heureux à la compagnie. Les houillères de Dobra, d'une étendue superficielle de 7,000 hectares, de 1 mètre 30 à 1 mètre 50 de puissance, étaient en état, presque au début de la concession, de fournir journellement, au prix de revient de 5 fr. la tonne, 150 tonnes d'une houille demi-grasse, à longue flamme, comparable, de l'aveu des ingénieurs anglais eux-mêmes, aux meilleurs charbons de Newcastle. La situation de ces mines, aux bords mêmes du Danube, puisqu'elles ne sont que la continuation du bassin houiller du Banat qui se prolonge à travers le lit du fleuve sur la rive droite où l'on peut suivre l'affleurement sur une longueur d'environ 6 kilomètres, facilitait l'écoulement et la vente des produits. La concession de Maïdanpek se présentait dans des conditions non moins avantageuses. Attenant aux houillères de Dobra, d'une contenance de 50,000 hectares, dont 30,000 hectares de bois de haute futaie, traversés par deux petits cours d'eau qui se déversent dans le Danube, pourvus à l'avance d'usines, de forges, d'ateliers de construction avec un outillage complet, de maisons d'habitation pour les ouvriers, les terrains cédés à la compagnie renfermaient une montagne de minerai de fer et de cuivre, très-riche, exploitable à ciel ouvert sur une longueur de plusieurs kilomètres. La société avait obtenu en outre le privilége pour l'établissement d'un service de bateaux à vapeur sur le bas Danube et la Save, avec la concession gratuite des terrains de rive et la garantie d'un revenu brut de 100,000 fr. pendant les cinq premières années. Toutes ces concessions étaient faites sous l'unique charge de la remise au gouvernement d'un dixième sur les bénéfices nets du domaine de Maïdanpek. Malheureusement l'insuffisance des capitaux, certaines difficultés locales que l'on aurait dû prévoir, et en première ligne l'opposition de la compagnie de Lloyd autrichien, compromirent dès le début le succès de l'entreprise. En avril 1862, les comptes soumis, aux termes des contrats, au gouvernement serbe, accusaient pour les houillères de Dobra seulement, pendant les deux premières années de l'exploitation, une perte de 115,000 fr. En vain la compagnie abandonna-t-elle successivement l'exploitation de Dobra et du privilége de la navigation sur la Save pour concentrer toute son activité dans l'établissement de Maïdanpek. Le sacrifice d'une partie de la cargaison ne réussit pas même à sauver le navire. Toujours paralysée par le manque de capitaux, l'entreprise languit d'année en année, jusqu'à ce qu'un arrêt de séquestre obtenu à la requête des créanciers de la compagnie, achevât de lui porter le dernier coup. Les priviléges pour l'exploitation de Dobra (1) et la navigation sur le Danube et la Save, furent transférés en vertu d'un nouveau contrat à M. Quernse, représentant de la compagnie anglo-danubienne (novembre 1865). D'autres compagnies sont actuellement en instance auprès du gouvernement pour obtenir la concession de Maïdanpek.

Les mines de plomb et de zinc de Koutchaïna dans le district de Pojarevatz, à 32 kilomètres de Maïdanpek, concédées à la fin de 1862 à un industriel du Banat pour une durée de cinquante ans, sont aujourd'hui en pleine activité et ont donné de meilleurs résultats. Les fours pour la fonte du zinc produisaient à la fin de 1864 de 5 à 600 quintaux par mois de ce métal, que le concessionnaire est astreint à expédier en Autriche.

Une mine de plomb argentifère, située sur les bords de la Drina, dans le district de Podrigné; une carrière de marbre et de pierres lithographiques, dans le district de Valievo; les houillères d'Orachié, qui fournissent le combustible nécessaire à la fonderie de canon et aux

_____

(1) La même concession comprend les gîtes houillers de Radenka (même département) et de Sikel, dans le département de Kraïna, près de Négotine, à huit heures du Danube.

établissements techniques de Kragouïevatz, sont exploitées directement pour le compte du gouvernement.

La Principauté possède, comme l'on voit, de nombreux éléments de richesses. Longtemps ces richesses sont restées à l'état latent, ignorées du pays qui s'ignorait en quelque sorte lui-même. La Serbie jusqu'à ces derniers temps était demeurée étrangère et comme fermée au progrès, que changeait peu à peu la face de l'orient ottoman. Tandis que tout se transformait autour d'elle, que la Moldo-Valachie, la Hongrie, la Grèce, aspiraient de plus en plus à la vie occidentale, la patrie de Karageorge et de Miloch continuait à subsister dans les conditions de son organisation primitive. Tel nous apparaît le paysan serbe, sous la domination ottomane, ou plus anciennement encore, à travers le recueil des lois et ordonnances de Douchan, tel nous le retrouvions encore hier, après un intervalle de cinq siècles. De serf, à la vérité, il était devenu libre, et de colon, propriétaire. Mais en changeant sa condition, il n'avait changé ni ses habitudes, ni son genre de vie. La sécurité dont il jouissait, son aisance relative (car si le bien-être est peu développé encore en Serbie, la misère, en revanche, n'y est guère connue) n'avaient point créé chez lui ce goût du confort qui est à la fois pour les sociétés modernes un besoin et un stimulant. Il conservait les habitudes frugales, la sévère économie de ses aïeux. Ennemi du superflu, s'il lui restait au bout de l'an quelques ducats, il les employait, non à se procurer une augmentation de bien-être, mais à grossir son épargne.

Mais plus nous avançons, plus le lien de solidarité que la civilisation moderne a créé entre les peuples, s'étend et se resserre. Le moment est venu où la Serbie elle-même devait subir le contre-coup du mouvement général. L'instruction que le gouvernement s'efforce de répandre, la pratique des voyages, les rapports avec l'Occident rendus plus faciles par l'extension des chemins de fer allemands jusqu'aux portes mêmes de la Serbie, ont tourné d'un autre côté les aspirations et l'activité des esprits. Le changement qui s'opérait dans les idées a passé peu à peu dans les mœurs. Si le Serbe ne goûte pas encore les raffinements de la civilisation, il en ressent du moins les premiers besoins, le désir du mieux en toutes choses, une certaine recherche du bien-être, de l'élégance même qui l'éloigne de plus en plus de sa rusticité primitive. Les toits de chaume et de branchages qui servaient à peine d'abri aux rudes compagnons du Libérateur, ont disparu pour faire place à des habitations simples, mais commodes. Le nouveau Belgrade agrandi et embelli d'année en année, percé de larges rues bien aérées et plantées d'arbres sur les côtés, contraste par l'élégance de son aspect avec l'air d'abandon et de malpropreté de l'ancienne ville hier encore au pouvoir des Turcs. Les modes françaises commencent à remplacer les modes serbes, même dans l'habillement des femmes si gracieux d'ailleurs. Les hommes, à l'exception toutefois du peuple des campagnes et des artisans demeurés fidèles au costume national, se vêtissent à l'européenne. Restreint d'abord à la capitale, le changement s'est étendu de proche en proche et a gagné la province. De même que les villes, les campagnes prennent un nouvel aspect. Là règne une meilleure police, ici la culture est mieux entendue. Plus instruit, le paysan est devenu moins thésauriseur. S'il a économisé quelques écus, au lieu de les enfouir dans un coin de son jardin, il les emploie à agrandir et à améliorer son fonds. Partout la vieille routine s'en va et fait place à des procédés plus nouveaux et plus rationnels.

Tel est l'aspect sous lequel nous apparaissent de prime abord la Serbie et ses habitants : une terre encore demi-sauvage où se montrent les premiers germes de la civilisation ; une population forte, vigoureuse, honnête, unie par le double lien de la religion et de la nationalité ; partout des signes de vitalité et de progrès ; le principe de l'égalité empreint à la fois dans les mœurs et dans les institutions ; point d'aristocratie territoriale ou nobiliaire comme en Bosnie et en Valachie ; la propriété immobilière très-divisée et accessible à tous ; l'absence de priviléges excluant l'animosité des classes entre elles et facilitant l'action du gouvernement ; un État qui améliore chaque jour son organisation en même temps qu'il élargit ses cadres ; une nation qui s'élève graduellement à l'horizon, hier à peine une province, demain peut-être un royaume.

Paris. — Imprimerie A. PARENT, rue Monsieur-le-Prince, 31.

Librairie GUILLAUMIN et Cᵉ, rue Richelieu, 14.

JOURNAL
DES ÉCONOMISTES

REVUE
DE LA SCIENCE ÉCONOMIQUE ET DE LA STATISTIQUE

(XXVᵉ ANNÉE)

Paraît par livraisons de dix à douze feuilles (160 à 192 pages), format grand in-8, dit grand raisin, renfermant la matière d'un vol. in-8 ordinaire. — Chaque trimestre forme un volume et l'année entière 4 beaux volumes.

36 francs par an et 19 francs pour 6 mois pour toute la France, l'Algérie et les pays suivants : *Belgique, Danemark, Egypte, Espagne, Etats-Unis, Grande-Bretagne, Grèce, Italie, Malte, Pays-Bas, Russie, Saxe, Suisse, Turquie d'Europe.*—**40 à 46 francs** pour les autres pays.

Il suffit, pour s'abonner, d'envoyer un mandat de 36 fr. sur la poste ou sur une maison de Paris.

Chaque numéro séparément: 3 fr. 50 c.

Les Tables complètes forment un volume in-8° et se vendent **25 fr.**

COLLECTION DES PRINCIPAUX ÉCONOMISTES
15 beaux volumes grand in-8

Enrichie de commentaires, notes explicatives et notices historiques, contenant les œuvres des *Économistes financiers du XVIIIᵉ siècle*(Vauban,—Boisguillebert,—Law,—Melon — Dutot, etc.),—de Quesnay et des Physiocrates,—de Turgot,—de Malthus,—de J.-B. Say, — de Ricardo et Mélanges divers (Hume,— Forbonnais,—Condillac,—Condorcet,— Lavoisier,—Franklin,— Necker,— Galliani et Morellet, — Montyon.—Bentham).

ÉCONOMISTES ET PUBLICISTES CONTEMPORAINS (Volumes in-8°.)
Contenant : Ad. Blanqui,— Mac Culloch,— J.-S. Mill,— Rossi,— Benjamin Constant,— Frédéric Bastiat,— Léon Faucher,—Michel Chevalier,—Théod. Fix,— Vattel,— Martens,— Grotius,— Kluber, — Carey,—Roscher,—Gioberti,—Minghetti, etc.

BIBLIOTHÈQUE DES SCIENCES MORALES ET POLITIQUES (Volumes in-18.)
Contenant les précédents et autres auteurs : Vivien, — de Lavergne,— L. Reybaud,— Moreau de Jonnès,— Lerminier,— Rapet, — Adam Smith,— Arthur Young, — Hippolyte Passy,— Laferrière,—Baudrillart,—Coquelin,—Joseph Garnier, etc.

Annuaire de l'Économie politique et de la Statistique, depuis 1844. 1 fort vol. in-18 : **5 fr.**

Dictionnaire de l'Économie politique avec une Bibliographie par noms d'Auteurs et par ordre de matières. 2 vol. très-grand in-8, à deux colonnes : **50 fr.**

Dictionnaire universel théorique et pratique du Commerce et de la Navigation. 2 vol. très-grand in-8, à 2 colonnes : **60 fr.**

Traités généraux, — Traités élémentaires et les Ouvrages de théorie relatifs à l'Économie sociale ou politique ;

Traités spéciaux, — Monographies et un grand nombre d'Écrits sur les diverses questions relatives à l'Économie politique ou sociale, — à la Statistique, — aux Finances, — à la Population, — au Paupérisme, — à l'Esclavage, — à l'Émigration, — au Commerce, — aux Douanes, — aux Tarifs, — au Calcul, — à la Comptabilité, — aux Changes, au Droit des Gens, — au Droit administratif, — au Droit commercial — et au Droit industriel ;

Documents statistiques : — Tableaux de douane, — Enquêtes, — Rapports sur les Expositions industrielles, etc.

Paris. — Typ. A. Parent rue Monsieur-le-Prince, 31.